JN437960

진상순 시집

학의 장서

을지출판공사

■ 序文

소멸성과 영원성을 추구

- 시집 〈학의 장서〉에 부쳐

김 정 웅

〈시인 · 세계시문학연구회 회장〉

시월(詩月) 진상순(陳相順) 시인은 전북 익산시에서 태어나고 자랐으며 지금은 김제시에 거주하고 있다.

월간 〈한국시〉로 신인상에 당선 등단하여 한국문인협회를 비롯하여 세계시문학연구회 등 여러 문학단체와 미술협회 회원으로 특선과 입선을 한 탁월한 재능을 인정받은 문인이며 화가이다.

이미 첫시집 〈여우별 뜨는 날〉을 비롯하여 세 권의 시집을 발간한 바 있다. 그동안 몸이 불편해서 작품을 쓰지 못하다가 이번에 몇 날 며칠 밤을 꼬박 새며 쓴 작품과 전 작품을 합쳐 한 권의 시집으로 간행함에 그동안 세계시문학연구회 회원의 깊은 인연으로 시집 첫머리에 서문을 얹게 되어 기쁜 마음을 항상 간직해 둘 것이다.

그는 문단 활동의 업적을 쌓았고 문학 행사나 친목 모임에 그 분위기 조성과 문학예술 애호정신이 투철하여 주위의 칭송도 높았고 문학적 발전도 눈부신 중에 건강문제로 잠시 활동을 중단한 바 있었으나 이번 이 시집의 간행을 계기로 다시 활발한 활동을 재개할 것을 기대하는 바이다.

진상순 시인의 작품은 불교적 세계관과 언어에 의한 관념적 관찰로 압축시킬 수 있다. 그는 화목한 가정에서 태어나 원만한 가정교육을 받으며 자라난 탓으로 어려서부터 그런 환경에 익숙해 있던 그는 자신의 시에 소멸성과 영원성의 교차를 통한 이원적(二元的) 세계를 추구하고 있다.

아울러 관념적 내용을 다루고 있음에도 불구하고 적절한 이미지를 통해 그 관념을 수용하고 형상화했기에 추상적 세계에 머물지 않고 구체화됨으로써 보다 큰 시적 아름다운 감성을 나타내고 있다.

그는 천성적으로 지니고 있던 효성의 품성은 "사무칩니다.// 서쪽 하늘 고웁게 젖어들 무렵/ 당신의 산 그림자/ 활화산 같이 피어 오릅니다// 뜸부기 바동대던 그 논배미에/ 어찌하여/외두루미가 당신의 옷을 입었는데/ 어둠은 깔리고 자꾸만 멀어지는 거리/ 화선지에 젖은 전설을 부릅니다.// 희나리 곁에서 찌든 삶을 헤다/어드메 원시림(原始林)을 당기십니까.// 주린 배로 소낙비처럼 가신/ 그 쓰라림을 구만리 밖에서/이제야 고즈넉이 듣습니다."라고 어려웠던 시절을 살다 간 아버지를 떠올리고 있다.

"풀피리 목마름도/ 청보리밭 사무침도/ 새벽을 여는 5월이면/ 그 정자나무 귀머리에서/ 모정의 노래를 듣습니다.// 빗소리는 강물에 흘리고/ 우는 달의 눈물을/ 차아마 막을 수 없어/ 청개구리 목 쉰 밤/ 내 어이 안주할 수 없어서/ 그 물레에 오선지를 감습니다."라면서 어머니에 대한 가슴에 사무치는 애절한 심정을 노래하고 있다.

그의 섬세하고 올곧게 살아온 삶의 촉각이 모정(慕情)의 빛에 투영되어 사모(思慕)의 세계로 자리바꿈되어 모든 설움을 안으로 승화시켜 작품으로 나타내고 있다.

이 시집에는 간절하게 사모하는 마음과 정성과 사모함을 바탕으로 제1~2부에서는 자유시 33편, 제3~4부에서는 정형시 45편으로 하여 78편의 곡절들이 압도하고 있다.

그는 가식 없는 고뇌의 진실을 고백하는 고해와 같게 하는가 하면 가장 보편적인 삶의 현장에서 우리가 흔히 만나는 가시적 소재보다는 좀 더 내면적인 존재론을 시화(詩化)하여 인간끼리의 숙명적인 만남의 사연을 깊은 관조로 재조명하고 있다.

그의 시에서 관감적(觀感的) 이미지가 잘 나타나 있는 정형시(시조) 한 편을 보자.

비폭에 떨어지는 물 고요를 흔들 때
그 열매 하도 푸러 섭적 다선 4월이여
잡풀의 쓴소리 접고 제 홀로 크는 법을 배운다.

너를 만날 이유에서 간절한 소녀이고 싶어
바바리 깃 세우고 머플러 날리지만
한순간 설렘도 병인 양 비우라는 말 들었다.

바람이 섭슬릴 때 돌문을 열라 하며
무한정 괴롭거든 제 볼에 입맞춤하고
유순한 심상을 담아 정실만 남기라 한다.

- 시조 「산매실」 전문

이 시조의 마지막 연 "바람이 섭슬릴 때 돌문을 열라 하며/ 무한정 괴롭거든 제 볼에 입맞춤하고/ 유순한 심상을 담아 정실만 남기라 한다."는 관감적 이미지가 잘 표현되어 있다.

이 시조의 내용은 진상순 시인이 평소에 사물을 눈으로 보고 마음으로 느끼면서 염원하고 있는 삶에 대한 올바른 자세다. 그냥 올바른 자세라고 해서는 구체적으로 어떤 자세인지는 잘 알 수 없으나 어느 정도 대답을 해 주고 있는 것이 "한순간 설렘도 병인 양 비우라는 말 들었다."에서 '모든 것을 초심으로 돌아가라'는 불경의 말씀을 일깨워 주면서 백천 마디의 설명보다 더 생생하고 더 실감나게 표현하고 있다.

소중한 자신의 본모습을 보고 싶고 찾아보고 싶은 사람들에게 감히 진상순 시인의 시집을 탐독하라고 권하는 바이다.

서정의 본 모습을 지속적으로 지켜주고 보여주고 있는 진상순 시인이 우리 시조 시단의 정점으로 우뚝 서서 문학사의 한 자락에 영원히 기록되기를 바라는 바이다.

2010년 12월 중순
牟陽城下 直齋山房에서

무언의 대화에서 깨우침으로 돌아와

독일의 시인 라이너 마리아 릴케가 "시는 체험이다." 그랬듯이 역경을 극복한 자만이 시가 나올 수 있는 것은 깊이가 있기 때문이다.

그래서인지 의지적 요소가 투영되어 있다는 독자들의 목소리를 듣기도 했지만 현실을 둘러싸고 있는 내면의 고통들을 계절의 순환처럼 돌려놓고 더도 덜도 없이 지금까지 살아 왔음을 부인할 수 없다.

실존적 삶을 살아가는 데는 부딪치는 일이 얼마나 많은가. 그때마다 산사를 찾으면 산은 어머니요, 스승이요 참 진리였다.

무언의 대화에서 깨우침으로 돌아오긴 했으며 하루하루 달력을 넘기면서 또 한 해를 접을 때 혹시나 누구에게 실수는 없었나 작은 욕심도 없었나 돌아보게 되는 것은 나이가 감지하는 것 아닌가 싶다.

남편과 3박 4일 제주도 고희 여행을 갔는데 5년 전가 본 제주도와 너무 달라 감탄사를 안고 몇 작품 써 보았다.

시집을 낼 때마다 다음 작품은 귀감이 될 수 있도록 쓰겠다고 다짐했지만 독자에게 몇 작품이나 얻을까 두려움이 앞선다.

목이 불편해서 미루워 왔던 찰나, 지인들 몇 분께서 도움을 주신다 하여 고마웠지만 그럴 수 없어 몇 밤을 꼬박 새며 시와 시조를 지었다. 거기에 독자가 선호한 전집 몇 작품 섞어 시 33편, 시조 45편 총 78편을 선정하여 4집을 엮게 되었다.

세계시문학연구회 김정웅 회장님을 알게 된 지 10여 년이 되었지만 어떤 시련이 있을 때마다 위로해 주신 은혜 감사했는데 이번 서문을 써 주셔서 진심으로 감사드린다.

2010년 12월 7일 새벽 서재에서

詩月 진 상 순

차 례

제 2 부 자유시 · 2

제 3 부 정형시 · 1

제1부

자유시 · 1

짐짓 사루지 못함은 비롯 너뿐이더냐
부러진 의자를 바라보는 시간의 무죄도 그렇고
예고 없이 무너지는 산그림자도 그렇고
인고의 아픔만 동행하는 어리석은 포기에
학춤은 다시금 하늘에 장서를 쓴다.

무한의 처리

세월은 뉘에게나 부여해 준 유일한 재산이다.

한낱 입김처럼 날려 보내고
다 낡은 문턱에서 무한의 처리를 놓고
어디에 기준을 두어 살아왔는지 돌이켜 본다.

무한의 처리는 밤바다 외로운 등대지기인 게고
이름 없는 묘지의 등 굽은 소나무인 게고
민둥산 족보 없는 고사목인 것을

살다가 살다가 힘들고 지치면
고통의 멍에를 분배해 놓고
어디론가 후들쩍 여행을 떠나는 게다.

백합을 보고도 감정이 무디면
가슴이 툭 터지도록 실컷 우는 것도 약이려니
제 아무리 현명한 사람이라도
행동하지 않으면 망종길이 되는 것을

인간사 괴로우면 산을 찾고 바다를 찾으면
부처의 웅장한 목소리가 들리고
어머니 숨소리가 들리고
그리고 스승의 회초리가 들리거늘

무한의 처리는 마지막 고지의 수행에서
절박한 심정으로 이루어지는 것 아닐까

회 고

나를 바라본 사람이
어떻게 살아왔느냐 물을 제면
무답으로 씨이익 웃어넘긴다.
작심과 오기로 위축되지 않고 힘들게 살았지만
어떠한 시련도 마다않고 내 존재를 상기하며
어느 날 보상의 날 오리란 믿음에서
하늘의 명으로 반백이 되어서야 시인의 명을 받았다.

외로울 적 난을 치고 흔들릴 때 대를 그리고
억울할 때 산사 찾아 노승의 법문을 들었다.
도랑물소리 비우라 하고 새소리 내발치 따라
웃고 살라는 자연의 이치를 어머니 교훈 삼아
밤이 휘도록 나열한 시어들이 유일하게 벗되어
느지막 가문의 영광으로 큰 상과 지인의 갈채를 받을 제
만감이 교차되어 낙숫물 같은 눈물을 흘렸다.
지난 시간 돌이켜보면 괴로움의 함정였음에도
내 운명의 시계추를 돌려놓고서 강한 정신으로
무던히 참고 견디어 왔음을 부인할 수 없다.
잃어버린 40년이라면 15년의 보상으로
쌍두마차 타고 달리는 기분이었으니 잘도 참은 게지.

고희에 자고 나면 살아있어 감사하고
자식들 제 앞가림하니 더없이 감사하고
남편과 세 끼 밥상 마주하니 팔자 좋은 거지.
알몸으로 태어나 옷 한 벌 입고 가는 길
증오도 회한도 아픔도 죄다 떨쳐놓고
안중에 불씨 없이 편히 가는 게 최후 바람이다.

유영의 시간

돌담길에 나직나직 깔린 햇살 한 줌
벙글거리는 꽃잎 위에 널어놓고
평화롭게 잠든 나비 한 마리
내 어린 시절 콧등에 미끄러지는 그리움이다.
봄의 전령사로 솔향기 너울 쓰고 실눈 짓는 상춘객들
반기를 들고 하루를 잊자 얼싸덜싸 즐긴다.
어쭙잖은 말투로 술잔을 비우는 남정네들
유영의 시간에서 잠시 일손 놓고 즐기는 게다.
허기져 잠든 바람등을 밀지 말거라
자연의 모태가 그리워서 워낭소리 귀 막고 잠든 게다.

학의 장서 1

- 한라산 중턱에서 -

지상에 내리는 고요를 안으려
넌 사색이 되어 선음을 죄다 터는 게냐.

오만을 안고 떨어지는 잎새들이
자성이 없어 치솟는 목소리가 화난 게냐.

신호탄에 이방인이 되어 끝내 거부 못 한 죄로
반열하듯이 떠나간 그들의 선시를 읽는 게냐.

백제의 선비는 층계로 떠나고 등대만 깜빡거려
반색하는 등 굽은 소나무 천년을 지켜 그런 게냐.

혼돈의 뜬구름은 오락가락하고
오색물결 출렁이는 바다엔 비바리 콧노래인데
파도는 참고 살아온 날이 바보라고
가슴을 쳐 그러는 게냐.

꿈이 우리에게 기대는 것은

새벽 도깨비시장 좌판을 펼쳐 놓고
생선 몇 마리 팔기 위해 손뼉을 치는 목소리는
꿈이 힘을 몰아주기 때문에 그렇다.

꿈이 우리에게 기대는 것은

생선 눈망울이 자식들 눈망울로 보이는 것은
자식들 꿈을 밀어낼 수 없기 때문에 또한 그렇다.

어둠이 깜빡거리는 네거리에서
고구마를 팔던 소녀는
살기 위해 선뜻 나선 게 아니고
세상 속에서 희망을 끌어안아 꿈으로 동행한 것이고
반세기 지나 그 소녀는 시인이 되어 이 시를 쓴다.

꿈이 우리에게 기대는 것은

황무지에 사과나무를 심어놓고 땀 흘려 기다릴 때
그 열매는 이미 땅 속에서부터 열매 맺을 준비를 했고
시련도 준비됐기에 탐스런 열매가 된 게다.

듣고도 실천하지 않으면 목석인 게고
보고도 행동하지 않으면 죽은 호랑인 게지.
정주영 회장은 가난에서 얻은 철학으로
아시아를 넘어 세계기업가로
고픈 자의 수저가 되었고
오대양의 바람을 꺾으며
하면 된다는 신념으로
오직 한길을 걷다 가셨지만
우리에게 값진 교훈을 남기지 않았던가.

의자는 앉기 위해 있는 게 아니고
앉히기 위해 만들어진 것과 마찬가지로
꿈은 어디에 있는 게 아니고
제 곁에 기대어 있음을 상기하며 헤쳐가자.

민속촌에서

찢어진 청바지가
슬리퍼 찍찍 끌고
껌 소리 짝짝거리며 내뱉는 침
분별없는 말투로 시선 모아
줄줄이 꼬나문 꿀담배
민속촌 대장간이 일어선다.

참다못한 어른이 훈계하면
안보면 되고 안 들으면 되지 혀를 찬다.
자숙은 없고 어른 탓으로 돌리는 청소년들
어른도 몰라 뿌리의 근본도 몰라
어찌할꼬 회초리는 저승 문고리이니

인생의 길

밑 빠진 항아리에 물 붓기라더니
공간마저 담보 잡힌 건질 것 없는 존재
어떤 이는 근심걱정 없이 살더니만
떨어지는 꽃잎에도 한숨이 절로 나온다.

호미 들고 텃밭에 나가면
오이, 고추, 깻잎, 상추, 쑥갓, 머위, 치커리
곰실곰실 얼마나 사랑스럽고 예쁜지
어린 새싹에서 도타운 정을 느낀다.

옹친 세파를 헤어나지 못하고
긴장으로 살아온 날 얼마던가
무언이 부질을 숙인다던 이치를
때늦은 나이
푸성귀에서 얻는다.

산다는 것

젖은 낙엽을 쓰는 빗자루는
청소부의 슬픔이고 시련이고

남대문시장 왁자지껄거림은
사람 사는 냄새일 테니.

어딘가 모를 발톱 빠진 자리에서
꽃씨 한 알 얻는다면 더없이 행복이지.

자식들 생각

아침 까치가 유사한 언어를 늘어놓는다.
한 자락 미련을 울 짚어 놓고 훌쩍 떠난 자식들
단잠에 빠진 목련이 함박눈에 봄의 전령을 부르듯
아침나절 내 눈을 끈다.

내 엄니 치마폭에 주워 담던 목련꽃 이야기
공허와 허무는 무방비지만,
제각기 짝지어 분가했는데
명절이면 부모 찾아 줄줄이 왔다갈 제
멀거니 바라보는 뒷모습
부모님 외로움 알까 보냐만
보고픈 맘 내 엄니 자리에서 회고한다.

보고 또 봐도 보고픈 얼굴
들어도 들어도 듣고 싶은 목소리
얼굴에서 고달픔 알고 목소리에서
힘든 것을 아는 부모의 마음
걱정을 사서 한다지만 자식 있어 사서 하는
걱정도 괜찮은 게지.

모악산 성지에서

풍광의 산자락을 끄는 철쭉꽃
하많은 전설을 윤회하는 이슬방울
덩달아 짧은 사랑을 노래하는 나팔꽃
머어언 기적을 당긴다.

새소리 초롱하고 물소리 자분자분 흘러
줄지어 성지를 찾는 각 지방 불자들
어떤 소원을 빌고 어떤 오선지를 그려갈까.

젊은 날 그 기백은 어딜 가고
잔디밭 평상에 바람 한 두레 깔고서
힘겨운 아픔을 몰아가듯이 누워 잠든
남편의 초라한 모습을 본다.

잃은 것은 무엇 때문이고
얻은 것은 어느 시점에서였을까.
갈증을 사그리는 현실 앞에 나 혼자 허공에 묻는다.

잔상을 넘어 마음을 비우라는 매미소리
청명한 음 너를 닮기 위해

풍경소리 노승의 저녁 예불소리
덩그렇게 앉아 노여움을 태운다.

원단의 새벽

시작의 아침 풍경은
산물의 영묘한 감응이다.
자화상을 그리는 밑그림이며
때론 알 수 없는 시련의 준비다.

무모했던 세월을 뒤집는 밤은
휴식의 공간이고 성찰의 새벽을 연다.

미래를 도약하기 위해 과거를 믹서하며
산중 연시가 되어 눈 내린 벌판에
발자국 남기며 만인의 뒷모습 훔쳐보질 않겠다.

바람 귀퉁이 1
- 담양 나들이 -

여기 양지바른 언덕이
늙은 양을 기다릴 때
쪽빛바다 넘어오는 4월의 노래

백로 두 마리 한 바작 먼지 훌훌 터니
담양 대숲은 하늘에 향불을 올리고
바람 귀퉁이에 밀린 소나무는 둘레길에 늘어서
누가 전설이냐 묻는다.

보릿고개 한세월 행여 잊었는가 하여
민족처럼 일어서는 청보리밭 깃발
내 어머니 쑥부쟁이 한 소쿠리 안고
사부작사부작 담양 호수를 걸어오심에
그날의 일기장을 펼쳐 무언의 회신을 띄운다.

민들레 진달래 개나리 꿈으로 지평을 여는데
내 어릴 적 참신한 모습 돌릴 수 없어
망각의 늪에서 단시로 봉운(峰雲)을 허물어 놓고
뒤처진 그림자를 쫓는다.

들풀

이른 아침
싱그러운 햇살을 내려놓고
낮게 엎드린 들풀을 보라.

제 키는 알지 못해도
겸손을 뿌리에서 배운 게다.
겨우내 수련한 생의 지표로
흙먼지 너울 쓰고 내일의 지평을 열어
때를 기려 애잔한 꽃등으로
정막을 제치고 성군처럼 맞는다.

살다가 살다가 지쳐 힘들 때
발길 멈춰 심혈로 피운 작은 꽃잎 보라.
참신하고 유순하고 그리고 혼백의 인내를.

질경이

제초기 소리 요란한 아침나절
초연히 천년을 이고 기도한다.

어느 바람에 떨어진 자리기에
응달진 곳에서 속된 어제를 접고
아파트 닫힌 창을 연다.

울 엄니 허리띠를 풀었고
내 어릴 적 소화제 역할을 했는데
고마웠던 그 정도 죄 잊고
묘지의 잡풀인 양 몸통을 쳐
한순간 넉장이 되어 아리다.
너를 닮을 수 있다면 법도 존재하지 않고
부모의 이별도 없어 청소년이 행복할건데

일맥상통

엇갈린 길목에서
빗장을 더듬으며 사연을 묻는다.
마른 나뭇잎이 잦은 가랑비에
휘감긴 세월을 내려놓는데
뉘엔가 준 넋두리는 시금이 되고
사념의 그림자가 둥지를 틀 제
이름 모를 산새가 내 유년의
사진첩을 내려놓는다.

서정의 불빛을 가누니
청산은 미지의 고삐를 풀어
일맥의 숨을 고른다.

제2부

자유시 · 2

빗소리는 강물에 흘리고
우는 달의 눈물을
차아마 막을 수 없어
청개구리 목 쉰 밤
내 어이 안주할 수 없어서
그 물레에 오선지를 감습니다.

습관처럼 쓰는 말

모두가 불만의 소리
팔순노인 밤이 길어 죽겠다 두런두런
아들 내외 밤이 짧아 죽겠다 두런두런
농부들 하늘이 해도 너무해 야속하다 두런두런
학생들 수능대비 힘들어 미치겠다 두런두런
정치인들 패거리 싸움에 꼴몰사나 기막힌다 두런두런
명문대 나와 취업 안 돼 홀짝 뛰다 죽겠다 두런두런

사방팔방 죽고 야속하고 미치고 기막혀
홀짝 뛰다 죽을 일이지만
말이 씨가 된다더니 금년 과일은 찌그러진 게 많다.
좋아서 죽고 배불러서 죽고 죽어서 죽은 게지만
우리 민족은 이 단어를 습관처럼 쓰고 있다.
거꾸로 매달아도 이 세상이 좋다는데

바람 귀퉁이 2

구천의 물소리 귀에 걸고
10월의 바람은 자유를 배달한다.

칠흑 같은 밤 시간의 갈증을 씹으며
구걸하는 용산역 노숙자
피골된 부모님 얼굴 잊었는가.
삶의 정서를 잃어 괴로울 때
가난은 태산이 아니라 느린 동작이다.

허수아비 등피를 마시던 아버지 눈물이
후손의 화신이 되었고
부피에 눌린 어머니 다리는
징검다리가 되었으니
바람 귀퉁이 영마루에 갇힌 이야기를
빨랫줄에 널어놓자. 내일 있을 꿈도

오늘 소중한 이 시간을 허비하지 말자.

아버지 자리에

사무칩니다.

서쪽 하늘 고웁게 젖어들 무렵
당신의 산그림자
활화산 같이 피어 오릅니다

뜸부기 바동대던 그 논배미에
어찌하여
외두루미가 당신의 옷을 입었는데
어둠은 깔리고 자꾸만 멀어지는 거리
화선지에 젖은 전설을 부릅니다.

희나리 곁에서 찌든 삶을 헤다
어드메 원시림(原始林)을 당기십니까.

주린 배로 소낙비처럼 가신
그 쓰라림을 구만리 밖에서
이제야 고즈넉이 듣습니다.

어머니 자리에서

풀피리 목마름도
청보리밭 사무침도
새벽을 여는 5월이면
그 정자나무 귀머리에서
모정의 노래를 듣습니다.

빗소리는 강물에 흘리고
우는 달의 눈물을
차아마 막을 수 없어
청개구리 목 쉰 밤
내 어이 안주할 수 없어서
그 물레에 오선지를 감습니다.

진리 앞에서

자연은 미궁(迷宮)에 빠진
도시의 정물(靜物)에서 걸어 나온다.

맷돌의 나이 되어
고향 문턱 들어설 때
해 그림자를 안고서
길을 닦는 물망초와
빈집의 아카시아 향기
그윽이 채워줌을 본다.

면사포에 가려져
세상을 넘보지 못하고
아근바근하며 살아왔던
긴 여정에서
희끗한 머릿결이
세월의 무게를 잰다.

부처님의 말씀
삶의 포구(砲口)에서
순간 파도가 되었음을

나이테 굵어져서야
값진 진주를 잃은 양
뜻 모르게 흘린 시간을 돌이킨다.

주머니 없는 수의로
결국 혼자 와서 혼자만이
자연으로 돌아가는 것을

달의 예서(隸書)

구월의 마로니로부터
포개어 오는 시련의 아픔들
그 속을 유리알처럼 내 본 양
책갈피 한 잎 들고
내 뜰 안에 서성이는 찬연한 미소
허공을 짚어
바람의 무게를 아느냐 묻는다.

가진 것 없이 돌아보다
화난 성벽에 부딪혀
낙차(落差)로 떨어질라치면
어지러움을 쓸어가는
성근 바람의 미덕을 보라 한다.

천상의 뜬구름이 갈 곳을 잃어
눈물로 쏟아 내리면
하늘은 청잣빛으로 열리고
대지는 작은 생명들로부터
어느 순간 찰랑함을 보라 한다.

단풍은

가을 잎새는 황홀하지만
하나의 자리에 멈추지 않고
서러운 호수에 잠긴다.

갈바람은 자연을 채색하고
자연은 뿌리를 걱정하는
섭리 앞의 노래라면
절박한 운명을 탓하지 않은 채로
깊어가는 가을은 여인의 립스틱인 양
새로운 주제로 처진 어깨를 치고 간다.

흰 구름에 뜬 생각

고향 뜰 찬 서리 재우는 귀뚜리 소리
세월의 진때를 벗고 길섶에 핀 노오란 국화
정지된 아픔이 소르르 풀리는 순간
아득히 푸른 하늘 흰구름 고요를 본다.

황혼이 자잔하면 태산은 조막해지는 것
목마른 언어가 면죄부에 밑줄 그으니
한 폭의 풍경화로 달마실 나온 애저녁
목화송이 같은 뽀얀 구름 필로 말아 놓고
떠도는 혼의 수의를 지어 준다면
뉘라서 이유를 토달지 않겠지.

가뭇한 어둠이어도 한 생각 모훈이 되어
청산의 학처럼 바람등을 꺾다가
시냇물 굴리는 조약돌 아련한 그리움으로
호연(晧然)한 시를 들머리에 새겨놓고
백목련 부시도록 흐린 날 닦을 때
저 봉곳한 흰 구름길이면 뒷모습 고우련만.

가을은

여우바람에
안달복달 붉어지는 은행잎
운명의 기로에 서
황혼 연설을 하나
졸음바다 너머 쏟아지는 눈물
흐르는 물굽이마다
비몽사몽되어 중얼거릴 때
고향 집 앞마당
오롱조롱 달려있는 감 대추
들명 날명 맛을 보지만
어쩐지
가을은 구슬프고 조매로워진다.

단상(斷想)의 메아리

한겨울
고뇌의 벽에
시래기가 매달려 있음을 본다.

한때는
허기를 채우는 양식이었으나
푸르던 야망의 꿈이
허옇게 변해 뼈대만 묶여 있음을

끝없이 밀려오는 높새바람
때론 천둥이고 싶다.

상처는 지날수록 더 깊어지고
세월은 갈수록 서러워지는데
장승처럼 산문(山門)만 지켜왔던가.

접시 같은 그늘에서
이 아픔을 짐짓 사를 수만 있다면
이승 아닌 저승이면 어떠리.

한들바람 타고
나비단 너울대며
달무리 따라 쉬엄쉬엄 가다
아주 작은 새가 되어
한적한 영마루에서
새로운 영을 부르면 뉘라서 또 말할까.

동박새 여로

지겹도록 힘든 삶이 있었기에
마음 비워 온 지금

허허로운 들언저리에서
해바라기 평온을 몰고 와
청춘의 씨물을 새로이 올려놓는다.

설레는 밤
도인(導因)이 되기 위해
사연 서픈 나루터에
길손의 지팡이로 기려 있던
가시나무 위 동박새

그러나 기세도 상념도 잊은 양
실빛마저 끄무러지는 초저녁
종잡을 수 없는 세풍의 거리를
멀거니 바라보는 현상이
이렇듯 한 시대의 증인으로 안타까워
떠밀린 상처 흔적만을 유보한 채
기우는 산그늘 부여안고

파도에서 강심(江心)을 물어내는
작은 가슴의 혼

언제련가
시궁에 빠진 심장을
밤낮없이 거두어가는 찬연한 날갯짓
하늘땅도 없는 누진 밤을 겨냥하며
참이슬 알알이 맺힐 신천지를 위해
필사적으로 삭풍을 휘몰아가는
백안작(白眼雀)의 시혼(詩魂)이여.

실업자여

- 수원역에서 -

파도가 높을 때
새는 더 높이 날줄 안다
절벽에 떨어질 순간
꿈에 자유를 밀치지 말자
길이 없으면 헤쳐가고
헤쳐도 없으면 길을 내어 가면 되는 걸

삿가리물에 눈망울 띄워놓고
입술 포개던 보릿고개 한 시절
부모님은 지혜와 슬기로 우리를 키웠다.

태양 뒤편에는 그늘이 지거늘
무법에 현실을 폭탄 말고
어떠한 시련도 함께 동행하자.

강물이 굽이칠 때 지구는 윤회로 돌아
참는 자의 소망을 주지 않던가.
눈물 젖은 빵을 먹은 자만이 의미를 아는 법

시련의 아픔에서 무등의 눈물을 닦을 제
면 훗날 새로운 둥지에서 삶의 진실 말하리라.

학의 장서 2
- 한라산에서 -

조상의 얼이 숨어드는 이 곳
하늘은 찬연히 푸르고 푸른데
장끼소리에도 고목이 쓰러져
중생을 깨우는 갈바람

한 마리 학은 해종일 빙빙 돌다
소나무에 앉아 오고가는 발치를 본다.

건질 것 없는 세월 간 뒤란
얼만큼 날개를 터는데
바다는 돌아보질 말라 하고
파도는 물보채를 때리며
고래등을 밀쳐 머얼리 간다.

짐짓 사루지 못함은 비롯 너뿐이더냐
부러진 의자를 바라보는 시간의 무죄도 그렇고
예고 없이 무너지는 산그림자도 그렇고
인고의 아픔만 동행하는 어리석은 포기에
학춤은 다시금 하늘에 장서를 쓴다.

백로 한 마리

- 동해 문학기행 -

석연에 노을이 누워
뻐꾸기 소리 애도래라
갯바람 슬몃거리는 어슬녘
풍진 세상 겸허히 네 홀로 지는가.

고단한 여정에도
안개비 내리는 강나루에 서
한 움큼씩 오물을 물어내지만
다그치는 썰물에 찢겨가는 문명
노들강변에 능수버들이 될 수 없어
물빛보다 더 맑은 정신으로 밤을 휘는가.

그 염원 통일로에 훌쩍 날아서
새 날빛으로 닫친 창을 열거라.

시각의 차이

정의는 외로운 등대지만 사랑은 현란한 것
정의는 황무지 무초지만 사랑은 포말인 것
정의는 시련의 언덕이지만 사랑은 오점을 남기는 것
정의는 장님의 지팡이지만 사랑은 비겁한 계산인 것
정의는 바둑알이지만 사랑은 구속의 눈물인 것

흙과 뿌리

어머니의 기도

흙의 고마움 알고 뿌리가 되라는데
속단 없이 살아온 어느 날
삭풍에 시달려 기우는 산그늘 울며 헤매일 때
돌아서는 이기적인 무정을 세워놓고
하늘은 온통 하이얀 눈을 깔아놓는다.

시큰한 관절을 끌고 눈길을 걸을 무렵
쪽 틈에서 나직하게 들려오는 소리
비탈진 언저리 저만치서
사군(使君)처럼 일어서 오는 한 포기 들풀을 본다.

순간 초라하게 작아짐은 무엇인지

상큼한 풋향기 가차이 오기도 전
목마름을 직시(直視)하는 당신의 헐떡임
한 줄곧 모성애 같은 보살핌으로
생명을 송두리째 내주는 흙과 뿌리의 고뇌를
언제 닮아 보았는가.

녹두새가 우는 것은

풀피리 목 늘인 길목에 복사꽃 벙그리면
참새는 옥쟁반에 정을 담아
울도 담도 없이 들락이더니

언제부터인가 농촌의 현장은
뒤엉킨 잡풀로 황폐되어
날밤을 지새우던 물길은 어드메인가.

냉혹하게 돌아선 이기심 때문에
산은 바다로 가고 바다는 산에 눌 적
현실을 외면당한 옥토는
명동성당으로 몰려간다.

외마디 소리하는 빈 깡통
가릴 수 없어 가진 것이 없어
해 질 녘 이삭을 줍다가
성지를 바라보는 녹두새의 비가(悲歌)

비움

아직도 태우지 못한 불씨 있거들랑
저 대지에 내린 하이얀 눈으로 덮으렴.

깊숙이 파고든 갈등의 그릇됨을
이 시간 약속이 흔들리기 전에 비우렴.

더러는 예상치 못할 상처가 있어도
초심을 잃지 않고 새로운 각오로

지난날 미련함을 보듬고
바람귀를 걸러 속 시원히 비우렴.

아픔이 덕이 되어 떠난 뒤 귓엣말을 들을 수 있게.

제3부

정형시 · 1

석양이 늘어질 때
자명종을 돌려놓고
떠난 자식 바라보는
두메산골 저녁연기
거품 문 강을 휘돌아
광야에 장서를 쓴다.

두메산골

여우바람 울먹이는
터엉 빈 두메산골

흔들리는 갈대 앞에
고개 숙인 실개천

모두가 어드메 가고
노모 혼자 지키는가.

사려를 앞세우고
낙엽처럼 흩어져

풀벌레 달초가 뜨면
오금저린 타향에서

마알간 그리움 하나
술잔에 달을 비우겠지.

바람의 사인

하나같이 안부 물면
두견이 피울음이다.
고왔던 옛 친구들
수원역 플랫폼에서
야속한 푸념을 살라
바람의 사인만 날린다.

제 건강 못 챙기고
자식걱정 남편수발
청춘을 죄 버리고
미덥게 살아온 날들
제각기 진혼이 되어
삶의 질로 돌아간다.

왜 사느냐 묻는다면
이유야 각기 다르지만
마지막 미풍으로 남고자
한 획을 그어놓고
인생길 굽이돌아서
지혜롭게 잘도 살아왔다.

고향 정서

혼돈의
갈림길에서
이면을 노래하는 풀꽃

기다림
연속으로
서둘러 산문 여는데

살며시
봇짐 풀고서
칠흑의 밤을 헹군다.

설레임
그 뿐인가
두레박이 달을 뜨고

종달이
노래 고와
실개천 굴리던 물고기

나즈시
얹힌 늦저녁
파르르 떠는 송아지다.

은발의 부부
- 금산사에서 -

아름다운 동행은 건전한 사랑이다.
싱그러운 과일처럼 손잡고 걷는 노부부
만개한 천리향 배꽃 한 쌍의 원앙 같다.

아릿한 장서인 양 가을비 아스라이 가고
상념은 나래 되어 환상의 커플
혼탁한 이 사회에서 마알간 호수 같다.

호탕한 웃음으로 은머리 날려가니
해여울이 낮달을 불러 보는 이의 감탄사
청솔모 하마도 좋아 절마당을 맴돈다.

계절 앞에서

은행나무
단청 아래
가랑잎 버석대더니

냇버들
실가지에
순백이 옥실거려

산제비
둥실한 집에
옹달샘 글 읽는 소리

수련한 풀잎 위에
정표 하나 찍어 놓고

지상에 고요함을
오묘하게 넓혀가니

꽃비가 능선타고서
윤회하는 청산별곡

차를 마시며

초라한 미움보다
오미자 맛이 낫다
문풍지 떠는 밤에
포근한 이야기 담고
제 모습 기웃거리며
제 이름을 불러본다.

세상을 살아갈 제
옥쟁반에 금가락지
굴러 가는 푸진 행복
어디에 있을까
한 폭의 풍경화처럼
뜨신 밥에 감사하자.

여운(餘韻)

고향 하늘 우물가에
새소리 몰고 온 산

그 산이 그리워
오월은 일어서

애끓게 울던 솔매미
고독의 너울을 벗는다.

꽃수레 끌고 가던
범나비는 간 데 없고

풀 거친 빈집에
아카시아 향기만

떠난 임 뜨락에 남아
호젓이 그 봄을 기다린다.

돌지 않는 풍차
-어머니 생각-

머위 잎 실비이고
손 흔들던 동구 밖

송홧가루 날리고
도랑마다 이끼 풀어

창공을 여는 이 아침
돌확의 눈물을 본다.

돌지 않는 풍차라고
그렁이는 하얀 수국

향나무 울타리에
비비새 알 세 개 들고

잔기침 멈추시더니
쑥국소리 가슴 메인다.

봉선화와 익모초

허기진 잿빛 바람
쓸어안은 빈 자리
아득히 주인 떠난
빈집에 홀로 선 표상
외슬픈
봉선화 꽃잎
이 둘레를 채웁니다.

보슬비가 잎 세우는
잡초 속의 익모초
익은 여름 한결같이
쓴 것이 약이라던 조상
하나의
입지를 세워
촌가를 지킵니다.

어떤 의미 1

항구의 눈물은
그리움의 날개이고

눈물의 씨앗은
열매가 주렁 지고

순수한 부부의 정은
뜰 안 꽃 시집이다.

사랑이 구속이면
자유는 죽음이고

눈물이 마르면
증오는 불씨 되고

침묵이 외로워지면
설렘도 열전도 없다.

어떤 의미 2

미색을 탐하면
바다의 태풍이고
소명에 굴종하면
쥐구멍에 해가 뜨고
신의를 잃지 않으면
하늘의 방패연 된다.

서 푼 모아 열 냥 되면
부에 강하지 말고
노숙자의 손을 밀어
바른 길 인도하고
분별의 제목이 되면
정사에 웃음이 인다.

목련 여정

머흘던 구름 속에
한 줄기 빛이 되어
쓰러진 들풀들은
푸름으로 잉태하는데

목련이 지는 밤에는
불빛마저 스러지네.

손 밀면 울 것 같은
마지막 꽃잎 하나
초승달도 떨어질까
살내음 밀어내다

안개 낀 새벽길 위에
지폐처럼 상처이네.

체념

때로는
더러운 사랑도
태울 수 없는 정이거늘

지쳐버린
서러움도
작은 세상 보기 위해

다랑논 지키는 맘으로
한 우물 파두자.

자연의 섭리

초록바다 입에 물고
들서 나는 타원의 잎

한 데의 피맺힘도 어느 순간 씻기운 듯

산제비 우여 든 초가
푸름으로 종달으네.

자오록한 산중머리 민들레 향그러져

행여나 임이 들까
눈가에 매달린 봄

실개천 송주가 흘러 포개오는 꿈의 깃발

오월의 연가

푸르러 오지게 푸러
파르르 떠는 5월이여

그 입술 맑고 고와
혼곤한 잠에서 깬 햇살

살짝이 실눈 짓는 얼굴
내 친구 칠례 같다.

참이슬 또르르
순간 놀란 왕거미

살기 위한 탐욕으로
가슴 쓸어내린다.

공정한 판단이 없어
잘못된 관행 때문에

박우물

바늘귀 졸음 너머
철철 넘치던 박우물
여인의 설움 헹군
추억의 빨래터
한 시대 뒤란에 서서
내 엄니 눈물을 봅니다.

비목의 상처도
마른 풀 콧노래도
민둥산 끝자락
정한으로 사위고
이따금 바가지 정이
그리워집니다.

제주도 기행

사바세계 내려놓고
녹차밭 이랑을 탄다.

신선이 따로 없어
이곳에서 살고프다.

부정을 인정으로 사는
그들의 포근한 마음

배고픈 용트림도
귤나무에 걸어 놓고

비명의 바다를 찢는
해녀들의 등 휜 모습

모두가 갈퀴손 되어
해시계를 잡는다.

청금산

청금산 수련비 위
하늘만 푸르고 푸르러
밤이면 어르는
참이슬 정마루에

모란을 못 피운다면
음양(陰陽)의 수련은 없네요.

흙이 된 젖가슴에
잡초만 무성히도
잔솔나무 곁눈 아래
백일홍은 뉘 혼인가.

성좌(星座)의 빛을 받아서
사무치게 고옵네요.

참선

먼지보다 더러운 건 인간의 양심이고
바람보다 가벼운 건 그릇된 행동이다
뿌리를 잊고 사는 자 얼마나 많던가.

사람은 돈을 탐하다 명예를 잃고
새는 먹이를 탐하다가 죽는 법
먼 훗날 떠나갈 때에 댓글이 되지 않게

아침 햇살은 그리움에 연속이고
저녁놀은 자숙으로 바다에 눕건마는
참선의 방향은 없고 시계추만 탓하는가.

쑥고개 언덕

홍조 띤
푸른 날에
쑥고개를 넘는다.

상념은 은빛 되어
수행으로 가는데

늦은 날
고향을 찾아
그때를 회고한다.

동심의
피리소리
뜬 돌에 넘어지고

바바리 깃 세워
처연히 돌아설 제

하늘한
복사꽃 살구꽃
잃어버린 세월을 줍는다.

어느 산촌에서

타는 노을 잡지 못해
동백에 머무는 산유화

제 홀로 홀씨 피워
단청을 지키다가

솔향기 덕담에 취해
흙 속에 정을 묻는다.

쑥국새 피울음이
폭포처럼 다가와

바위에 짐을 푸니
다북쑥이 서린 정 물어

초당에 찾아든 달님
어머니를 떠 온다.

제4부

정형시 · 2

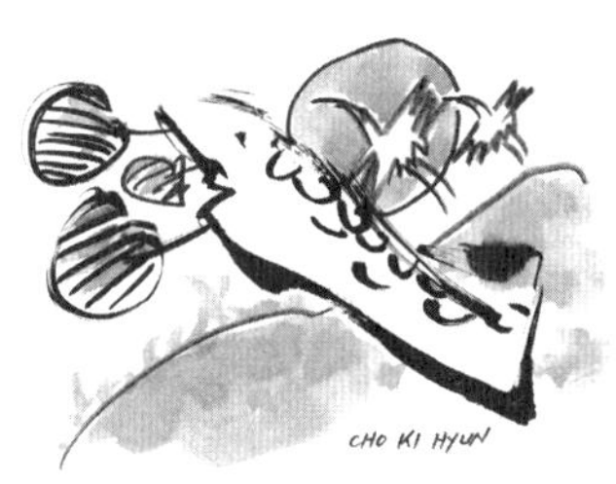

어느 날 가고파서
고향 문턱 들어설 때
해그림자를 떠안고서
골목길에 늘어선 봉선화

한세월 빈집을 지켜
그 꽃잎 아릿하다.

가을편지

저 속을 못 뿌리쳐
추적추적 내리는 비

코스모스 허리춤에
낙엽이 우 떨어진다.

멀거니 땅심을 짚고
단막극을 보거니

이별의 아쉬움은
새로운 탄생이기에

혼탁한 삶을 내려놓고
순간에 빗장을 턴다.

누진 밤 시맥을 끄니
새벽닭 홰치는 소리

빈집 뜨락에도

매미처럼 울어 헤다
지쳐버린 사금파리 앞에
남새밭 푸정이고
서성이는 오동나무
그 정이 매양 그리워
눈망울 굴리는 청매(青梅)

한 데의 부대낌도
순리로 어녹이고
장독대에 둘러앉은
아연(啞然)한 봉선화 채송화
그 사연 차마 말할 수 없어
소리 죽여 내리는 단비

시월의 노래

들 건너 초롱불
발길 가는 그곳에
마음 저며 꽃 피웠음
둘이도 좋으련만

야속타 추적대는 비
그 시절 잊으라 하네.

어둠은 단잠을 허젓다
외로움이 동행일 때
헐벗은 나목에 앉아
옛 시인을 부르다

영혼에 순간이 멀어
만물의 숨결을 고른다.

미움도 그리워서
하늘에 시 쓰는 석연
지그시 감기는 희열
회심으로 놀이 붉을 적

달님은 솔 언덕 앉아
오선지를 감는다.

정월 보름이면

뒤짐 지고 오는 재앙
고사떡이 쫓는다.

어둔 밤을 쓸어내듯
보름달이 얼비쳐

시큰한 관절을 끌고
합장하는 노모 뒷모습

해오라기 신음처럼
밤잠 설치던 어머니

삭막한 언저리에서
한 조각 단심 물고

등잔불 꽃심 돋우더니
달님이 목탁을 친다.

더러는 이런 날도

솔향기 덕담으로 흰머리 날려가니
애상에 잠긴 물줄기는 허기를 채우고
시류에 젖은 노래는 풀섶길 달마중

자식들은 머리 굴려 매 마냥 편하고
부모님은 희생으로 진골 빠져 서럽다
먼 훗날 부언이라면 형제는 계산 말 것을

숨이 찬 기적은 다시 돌아올 수 없음에
가로등 불면의 밤에 속죄를 삭히는 바람 소리
더러는 이런 저런 날 도로 남이 되어 울지 말 것을

개망초

하필이면
개망초라
아무도 눈길 없어

6월 땡볕
묘지에 핀 꽃
영혼의 함성을 듣다

시야의
끄트머리에서
초승달을 삼킨다.

학의 장서 3

고요히 눈이 내린다
하염없이 눈이 내린다
해저녁 산수강산에
학춤이 내려앉아
고사목 대신장부에
유고의 기록을 남긴다.

석양이 늘어질 때
자명종을 돌려놓고
떠난 자식 바라보는
두메산골 저녁연기
거품 문 강을 휘돌아
광야에 장서를 쓴다.

대바람 소리

차운 바람
댓잎에 삭아
호수에 어리는 하늘

샛강 넘어
빈집 대숲에서
새 사전을 받는다.

구차한
변명보다는
비워서 향기가 퍼짐을

시련의
한 세월
저속을 뿌리치고

파도 넘어
요란한 새소리
무릉도원에 재워감에

온유의
바람 소리
큰스님 가르침 같다.

바람이 나무에 걸터앉은 이유

개천은 철새 떠나 공간을 헤다 눕고
가버려 못 올 자리에 햇살이 아롱이면
첫사랑 언덕에 올라 가슴 여는 목련화

겨울은 구름인 양 고된 술래만 남겨 놓고
바다에 떨어질 때 시린 눈물 자아내
토라진 망각의 자리에 뿌리내린 청솔을 본다.

현실의 주름을 누군가 물어 오면
나무는 걸터앉은 바람의 무게라지만
바람은 잃어버린 대륙을 찾기 위한 고행의 정표라니.

갈대의 순정

겨울의 문턱에서
성지를 바라보는 갈대

청자에 새긴 언약
창백한 단시가 되어
타는 놀 잡다 굽어서
비련에 떠는 음인 게냐.

술렁이는 무이 앞에
아침안개 걷노라니

이름 모를 한 여인이
그렁이는 불출구
가랑비 흩뿌려지던 날
헤어진 그 순이인 게다.

산매실

비폭에 떨어지는 물 고요를 흔들 때
그 열매 하도 푸러 섭적 다선 4월이여
잡풀의 쓴소리 접고 제 홀로 크는 법을 배운다.

너를 만날 이유에서 간절한 소녀이고 싶어
바바리 깃 세우고 머플러 날리지만
한순간 설렘도 병인 양 비우라는 말 들었다.

바람이 섭슬릴 때 돌문을 열라 하며
무한정 괴롭거든 제 볼에 입맞춤하고
유순한 심상을 담아 정실만 남기라 한다.

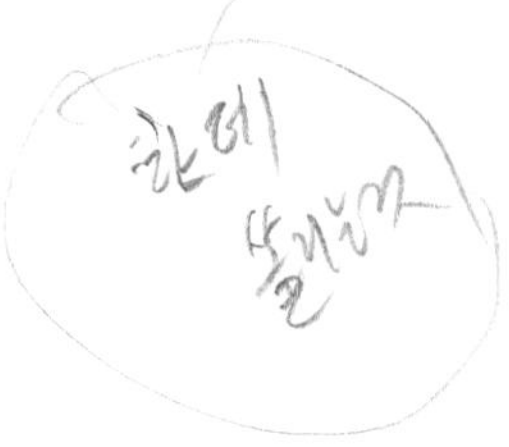

겨울바람

역마(驛馬)의 바람은
상념의 낮달도 잊은 채

쪽빛 조으는 뜰을
가차 없이 헤집다

어디쯤 목 쉰 터널에서 새로 영을 부르느뇨.

가을의 하늑임도
잎새의 타는 마음도

잿빛으로 몰고 가다
아파트 고뇌의 벽을

이 새벽 흔들어대니 모른 정 애린 정이뇨.

창밖의 눈

설레임도
주저 없이
갈피 속에 묻어 버리고

왠지 모를
영혼의 뜰에
고요히 내리는 눈

허기진 분쟁 속에서
농울진 상처를 덮는다.

고향의 씨정

서리바람 애물려 앞들목 건너갈 쯤
고향달 서등처럼 미지로 다가서
나도야 뒤질세인가 학춤이 산을 뜨네.

외로운 푸념으로 산허리 도는 흰구름
소달구지 수심가에 묵정밭 따라 울어
앞개울 그 징검다리 회한의 씨정 깊네.

능수버들 너울지면 꽃 붉게 피는 언덕
그 시절 옛노래로 마음 헹구던 빨래터
봉선화 해 거르던 정 함지박 울 넘어가네.

저녁결에

은행잎
떨어진 거리
나 홀로 걸어간다.

숲은 눕고 갈 길 멀어
저녁결 달이 뜨는데

여신의
설레임인가
허물은
음영을 삼킨다.

밤이 깊도록
- 동창모임 -

착각은 허기지고
희망은 버선코 돼

소원을 사알짝
선반 위 올려놓고

걸쭉한 바가지 웃음
옛뜰을 채웠제.

시련의 눈물 먹고
숨바꼭질 하다가

할미꽃 그 동산
모둠모둠 앉아서

꿈속에 꽃마차 타고
늙지 말자 그랬제.

현실 늪에서

파르라니
다가온 봄
꿈 많던 소녀이고 싶다.

널따란
초원에서
클로버 꽃반지 끼었건만

살풍경
쪽방에 앉아
이경에 수를 놓는다.

흔적

바람 한 톨 접어들고
떠나가는 막차길

세월의 뒤란에는
산매화만 흐드러져

옹달샘
가연한 정에
굴뚝새가 시를 쓴다.

산길 내던 저녁연기
한생각에 내 건너서

날새만 졸고 있는
널브러진 정든 초가

차라리
정마저 가렴.
측은한 미소마저도

생각의 반전

한 소절
임의 노래로
태어난 존재여

숨가쁜
교차의 숨결이
서려 있는 곳에서

겹겹이 꽃말 접으며
나이테로 성장하느니

산다는 건
한 치 앞
잣대인 것을.

가치를
수직으로
점지해 놓고서

들국화 목울림대로
지현히 살아가느니

어머니 제삿날

보고자와 한달음에 내친 친정인데
창고 쥐문 앞에 생사고락하던 찬장 하나
터엉 빈 가슴 안팎에 온기마저 싸늘합니다.

어머님 생전 가묘 잡초만 우 누워 있어
청금산 잔등에서 뻐꾸기 애간장소리
날 보고 다신 오지 말라 해저녁 등을 밉니다.

내 어릴 적 뻐꾹 소리 마알간 풍금소리더니
오늘따라 내 어머니 삼매경을 읽는 저 소리
모악산 성지 앞에서 용서만을 빕니다.

어느 날에

어느 날 가고파서
고향 문턱 들어설 때
해그림자를 떠안고서
골목길에 늘어선 봉선화

한세월 빈집을 지켜
그 꽃잎 아릿하다.

현실을 외면하고
다분히 홀로 지키는 혼
댕기머리 널 뛰던 소녀
이제는 은발이 되어

얼마큼 너를 바라보다
한 바가지 정을 담아온다.

파도

비원의 언어도 사위어 가는 군저녁
망해사 둔덕에 올라 술독이 된 너를 보다가
끝 모를 해학(海壑) 서편에 의문을 던져 본다.

절벽에 부딪히는 뼈 시린 아픔이어도
어탑에 오를 수 없어 역사의 목록을 안고
다죄(多罪)를 호올로 짐 져 서둘러 가는 넌 왜인가.

무등의 불빛마저 시선을 피하는 밤
풀무의 바람에도 꽃잎이 두려워 질까
바다에 사설을 쓰며 선구자를 부르는 외롬아.

휴전선 민들레

철조망을 할퀴는 살벌한 포위 속에
오로지 그리움으로 피어 있는 민들레
작달한 그 모습 애끈함이 어쩌면 어머니네.

산천이 흔들려 메아리도 흔들려
산까치 우여 나니 깃털 하나 부여안고서
반세기 고향 그리다 백발이 다 되었네.

모정은 법칙이 없는 찬가며 진리의 덮개
힘들고 외로워도 모태의 성스러움을
한 치도 저버리지 않고 민들레로 서렸네.

철새는 가로질러 수만 리 오가건만
이산의 아픔으로 몸 져 계실 어머니시여
궂은비 내리는 밤에 하염없이 꽃잎만 지네.

제야의 종소리

드높아 푸른 정기
사람마다 새 길 찾아

흐르는 물구름은
하늘로 피어올라

무거운 짐 벗고서
천 년을 다시 맞는다.

끝없는 산울림이
모두를 힘껏 부를 제

눈 뜨는 천 년 바위
한순간 가슴 열려

여명의 새 날이 오니
하늘 땅도 마주 본다.

진상순 시집
학의 장서

초판 발행 2010년 12월 27일

지은이 | 진 상 순
펴낸이 | 윤 해 규
펴낸곳 | **을지출판공사**

등록번호 | 제 2-741 호
등록일자 | 1985년 2월 14일
주　　소 | 서울시 마포구 서교동 394-81 홍익B/D 3층
우편번호 | 121-840
전　　화 | 02) 334-4050 · 4090
팩시밀리 | 02) 334-4010
E-mail : ejp4050@hanmail.net

값 8,000원

* 잘못된 책은 바꿔 드립니다.

ISBN 978-89-7566-117-4 03810

* 이 시집은 전라북도 문예진흥기금 일부를 지원 받아 발간하였습니다.